Fall in Love
with Mr. Lee at the First Sight
Perfect Fashionable Boy—Well Lee

一见钟情

Mr. Lee

完美潮男李炜

首本纸上图文影像美男剧

You may only be a person in this world, but for me, you're the world.

图书在版编目（CIP）数据

一见钟情Mr.Lee·完美潮男李炜首本纸上图文影像美男剧 / 上海天娱传媒有限公司编．——长沙：湖南少年儿童出版社，2010.11

ISBN 978-7-5358-5854-2

Ⅰ．①一⋯ Ⅱ．①上⋯ Ⅲ．①李炜－生平事迹－图集 Ⅳ．①K825.76-64

中国版本图书馆CIP数据核字(2010)第233512号

责任编辑：周霞 罗晓银	出品人：张勇 龙丹妮	摄影及造型：
	总监制：杨柳	摄影师：艾姆传媒摄影总监 王尤佳
	监制：唐勇	造型师：马骁
	宣传总监：徐冰	图片处理：大雨
	艺人总监：张旗 司捷	
总策划：小妮子	艺人统筹：胡英鸽	舞台及花絮摄影：小塔 郭欣霖 郭颗
流程监督：张焱	艺人经纪：易田华	服装设计：张弛
设计总监：Sean.L	艺人统筹执行：胡姗	
外联企划：汪俞岑	艺人统筹助理：安明婵	场地鸣谢："双湾号"游艇
执行策划：汪俞岑	项目统筹：李晓宁	金谷仓家居
首席文编：汪俞岑	项目助理：周子婷	
首席美编：刘艺熠	宣传统筹：柳辉 赵泽	服装鸣谢：
图片后期：张鼎	宣传推广：唐勇 谭婷 程一洋	
市场推广：方阳 余欣	网络统筹：陈品优 余静	
特派记者：FAN 小妖	经纪公司：天娱传媒	

出版人：胡坚
出版发行：湖南少年儿童出版社
地　　址：湖南省长沙市晚报大道89号　　邮　编：410016
电　　话：0731-82196340（销售部）　　82196313（总编室）
传　　真：0731-82199308（销售部）　　82196330（综合管理部）

经　　销：新华书店
常年法律顾问：北京市长安律师事务所长沙分所 张晓军律师
印　　刷：长沙三仁包装有限公司
印　　张：10　　　　　　　　　　　　开　本：889mm×1194mm　1/20
版　　次：2010年12月第1版　　　　　印　次：2010年12月第1次印刷
定　　价：49.80元

版权所有　侵权必究
质量服务承诺：若发现缺页、错页、倒装等印装质量问题，可直接向印刷厂调换。
服务电话：0731-84887200

Fall in Love
with Mr. Lee at the First Sight
Perfect Fashionable Boy—Well Lee

一见钟情 ▶ 轻轻抚摸这本书，细细品味。爱上他，只需一秒钟……

Mr. Lee 你可能只是这个世界上的一个人，但对于我们来说，你就是全世界。

李炜·WELL LEE 自序

拍摄照片的时候，虽然累了一整天，

但，我希望这满满一本属于自己的写真集，能给你们带来不一样的我。

所以，累并快乐着……

人生若只如初见。

在2010年的这个夏天，有音乐、有舞台、有维他命……我很知足；

有这么一群人陪我走过的路，我会永远记得……

虽然，我不知道你们还会陪我走多久，但，我依然会加倍努力来感谢你们，

至少，这一切，我会记得一辈子，不为别的，就为这个夏天，为你们对我一见钟情而感恩……

低碳，这一直是我努力的目标。

无论是以前，还是现在，或者将来，每一个普通人，哪怕只做出一点点小小的改变，

这个世界，就会如我们梦想中的一样，一点点变得美好……

为了我们的家，为了更蓝的地球，请坚持低碳环保吧！

现在，也许你们觉得翻阅的只是一本普通的写真集，

但，在我的眼里，任何普通的事物都能散发出光芒，

只要，它找到正确的方向……

李炜

2010年11月5日凌晨1点25分

——"著名节目主持人"何炅推荐序

好吧！让我来为冠军说两句！

有人说，今年的"快男"有点儿势微，连带冠军都弱掉……我想说的是，人比人气死人。可是，为什么不看到李先森自己的实力和优质呢？

我记得最开始比的时候，我有个朋友说他铁哥们叫李炜，参加了"快男"，让我照顾一下。

朋友告诉我这孩子家里不容易，就指着他，他偏偏就爱唱，别的都不想，这么单纯的孩子应该多支持。我感动于这份单纯，可是也只能坦白地说："台长都左右不过来，何况我？我也只能在旁边观望和期待。"

一开始比较难喜欢李炜，因为他在台上的表情确实不多，台下跟我们的交流也很简单，一群人热闹，他永远是被动参与的那个。

可是自从那次热舞的表演，大家开始渐渐地感觉他的能量，也陆续听到其他选手和工作人员说，私底下李炜其实是一个很搞的人。

再往后，就感叹于他在舞台上的全面和稳定，身边也多了很多他的拥护者，包括"快乐大本营"的几个导演，还在彩排的时候偷溜到演播厅来看李炜，美其名曰看我！

我每次看到李炜上节目很囧或者很木讷的时候，就想，人真的有偏才，他在唱歌跳舞的时候是多么淡定大气，那是他的世界，他是那里的精灵。

我不知道他经历过什么，但是我知道在他的经历中，他一定从来没有放弃和妥协的就是歌唱！在这个不多栖就似乎拿不出手的娱乐圈，在这个"我要我要我都要"的浮躁年代，李炜这样的单纯和精进显得多么的难得……

虽然我相信慢慢他也会越来越娴熟于综艺节目里的玩闹，甚至也到偶像剧里谈个童话般淋雨追赶的恋爱，但我更期待的，是一场高水准的音乐会，炜炜唱来，没有杂质……

加油，李先森……

何炅

2010年11月23日

——"创作鬼才，牙套小王子"谭杰希·倾情作序

"Hi！"

这个人从我的右边经过。咦！好高，皮肤很好，很有礼貌，并且头发长长，心地善良；

"正点！"

这个人对美好的事物和人都不会隐藏自己的第一反应；

"No never，并没有，并不是，并不要这样。"

这个人有时也会有不淡定的过激反应；

"谢谢！" "辛苦喽！"

这个人如果没有非常努力，就没有一群维他命来支持他；

"我是一个感恩的人，不太擅长表达。"

这个人会给爸妈买衣服，请恩师吃饭，却没有帮我打包河粉。

"杰希，我们不能放弃，还要去英国。"

我郁闷了，去英国吃河粉，耍我是吧？

这个人不是李炜，那还会是谁？

谭杰希

2010年11月8日23点

Fall in Love 一见钟情

with Mr. Lee at the First Sight
Perfect Fashionable Boy—Well Lee

想要变成一只色彩斑斓的蝴蝶飞向太阳，却抵不过炙热的残酷；
想要化为一棵树守在恋人必经的路旁，无奈等不到回首；
想要穿越一切阻力拥有无法触及的恋人，可惜，一切只是水月镜花……
所有人都是生命旅途的过客，但此刻的他，却可以为你停驻，伴你入梦……

THE FIRST PAPER SERIES OF MR.LEE　**Mr.Lee**

真爱，总值得等待。当他走进你的生命，你就会明白，原来喜欢一个人可以这么简单，这么幸福，这么直白，如同他对音乐的执著和热爱……

LOVE MR.LEE

WELL LEE

"你是我的一见钟情，此刻我的心，已被你占据……"

在这个唯美浪漫的季节里，一个充满诱惑力的声音穿透了世人的灵魂，那，是让人幸福到落泪、让人心醉的歌声。

2010年夏天，有这样一个少年，他惜"笑"如金，低调而不失华丽，用自己最完美最独特的方式，温柔歌唱，花香满径……

■ 我们的相遇，瞬间温暖了整个寒冬，灰飞烟灭，泡沫成为过往的伤痕，留在最冰冷的角落……

擦肩而过，不经意间轻轻碰撞在了一起。
迷雾般的眼眸如破碎的池水，相视的那一瞬间，
心，怦怦怦，用力地撞击着胸口，
惊慌失措，慢慢地，淡淡的红晕爬上彼此的脸颊。
这，是爱的触动；这，是我们一见钟情，爱的心跳……

WELL LEE
SO IN LOVE
I'LL MISS YOU, IN THE LONG WAY EVERY DAY

FALL IN LOVE WITH MR.LEE AT THE FIRST SIGHT

THE FIRST PAPER SERIES OF MR.LEE

5月，快男300强集结长沙

那天，"快乐男声"300强选手集结长沙，身着明黄色笑脸T恤、黑色哈伦裤，一身潮扮的他，双手插在口袋中，低调地跟在一群"快男"身后游走在演播厅外。

相对于其他"快男"选手欢声笑语、手舞足蹈的模样，他只是轻轻抿着嘴唇，安静得像一个不谙世事的小孩，眼神单纯如水，他羞涩地避开旁人注视的目光。沉静，淡然，那时的他在众人中鹤立鸡群，散发着夺目的星光。记得我们曾开玩笑说，感觉这个男生不错，应该会走得很远。果然，他没有让我们失望，一路顺利，走到他自己梦想的最后1位数……

THANK YOU,LET ME IN THE MOST BEAUTIFUL MOMENTS TO MEET YOU.

WELL LEE

7月，全国12强上星之时

　　他一副还没睡醒的样子，撅着嘴出现在化妆间，眉间缠绕着丝丝忧郁，睡眼蒙眬，无辜的眼神中透着迷茫。坐在沙发上调整了一下状态，他抬头微笑。

　　"我的家庭很简单，我和我爸爸妈妈一起住，爷爷奶奶、外公外婆都还健在，大家相处得很好，爸妈几乎连争吵都没有出现过……"面对我质疑的目光，他一脸认真肯定地说，"是真的，所以我觉得我是幸福的……"

　　这，是怎样一个少年？

　　像是温室里不经日晒雨淋的花儿，可他的身上却比同龄人多了一丝成熟和稳重。

一见钟情
Mr.Lee
Fall in Love
with Mr. Lee at the First Sight
Perfect Fashionable Boy—Well Lee 晨风吹散了夜色，灿烂的星光在心中闪烁，它将指引我回到你的身边，那将是一个收获的季节，金黄的颜色奏起色彩的交响曲……

9月，夺冠之后

原本以为在两个多月激烈的"快男"比赛中获得两个周冠军、一个总冠军的三冠王李炜会变得高高在上，让人有距离感，可是……

"天哪！这要录到什么时候？"看着整整6张采访资料的他，倒在床上大声嚷嚷。

"呃，这个……今天问不完，拍摄的那天我们再接着问。"我在心中坏笑着，可是，一个月后我才后悔莫及，原本想要"折磨"一下他，却没想到，整理音频时受罪的是我自己，因为答案的字数比问题的字数多了好多倍。

"拍摄？什么时候拍？在哪里拍？有棚内拍的吗？"一说到拍照，超级"自恋"的他立刻一扫先前懊恼的表情。

当我告诉他有三套外景、两套棚拍时，他从床上坐起来，像小孩子一样兴奋地不停追问：

"棚拍可以穿我自己的衣服吗？我还有好多还没来得及穿的衣服，有三大箱，都可以拿过去吗？有哪些场景，你告诉我，还需要些什么东西？""游艇？需要拖鞋吗？你说我穿长裤好，还是短裤呢？游艇上穿短裤比较合适吧？""保时捷？帅啊——红色？不要！可以换银色的吗？银色的比较搭我……"

看着带着生动表情、口若悬河、眉飞色舞的"紧张小王子"，我笑了。这时的他，还是两个月前最初遇见的那个他，很活泼，很开朗，笑容很多，他不是小扑克。

Mr.Lee

低调冠军，高调歌唱

"在我个人看来，'快乐男声'只是一个比赛，到今天凌晨为止，已经全部结束了，接下来我的生活不会因为'冠军'而发生质变。了解我的人都知道，一直以来，我都比较随和随性，相信时间可以证明，我依然还是原来的那个我……"

9月11号，"快男"12强写真集《ZERO·距离》长沙首场签售会那天，李炜在一群工作人员之后，低调现身。从他身上，我们完全看不到一丁点儿冠军应有的骄傲与高调，他只是向大家礼貌地微微点头，然后安静地站在一旁。

一见钟情 WELL LEE

在那天，在那时，在那个地方，如果不曾邂逅，一见钟情的爱情就只是传说……

WELL LIFE

面对"无冕之王",泰然淡然内心灿烂

出席签售会,面对震耳欲聋的"无冕之王"的呼声,李炜总是格外乐天、格外淡然。

当听到"无冕之王"几个字,原本以为他会尴尬,可是,保姆年内,他清澈的眸子弥漫着轻浅的阳光,眼睛蓦地一亮,他"扑哧"一声笑了:"其实,每个选手都是他们粉丝心中的'无冕之王',陈翔是,武艺是,刘心也是,我觉得粉丝的这些口号很正常,武艺和陈翔的粉丝很多,那证明他们人气高,这样的呼喊,我没有觉得有什么不好的……"

这一句看似简简单单、轻描淡写的话,却让人如沐春风,沁人心胆……

此时的他,比两个月前的他,更多了一份宽容、自信和勇敢……

WELL LEE 他只是因为喜欢唱歌，单纯地喜欢而已……
FALL IN LOVE WITH MR.LEE AT THE FIRST SIGHT

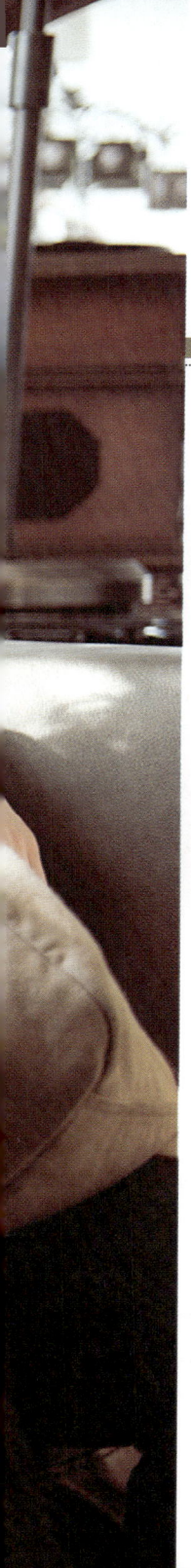

说起李炜音乐上的杰出成绩，这一切都要归功于他的爸爸和妈妈。

"哎，这小子节奏感蛮好的；哎，唱歌还不跑调，节奏感超强的，可以啊！"对于爸妈最初的认可，李炜这样欢快地将原话一字不漏地道出。

在某国企就职的爸妈，在李炜上幼儿园的时候发现他在音乐上的天赋，于是，热爱音乐的父亲带着李炜走上了音乐这条道路……

1999年，在声乐启蒙老师那里学了三四个月的李炜，在爸爸的鼓励下，参加了"银河之星大擂台"比赛，小小年纪的他一鸣惊人，成功地拿下了一轮擂主。

那时的他，并没有想过自己以后会在音乐的道路上有所发展，就如同这次来参加"快乐男声"一样，他只是因为喜欢唱歌，单纯地喜欢而已……

FALL IN LOVE WITH MR.LEE AT THE FIRST SIGHT

有时间学唱歌，就是最幸福的事

　　10岁，充满童趣的年纪。每个美好的周末，应该是享受懒觉、逛街、玩耍的时候，而小李炜却乖乖地跟着爸爸妈妈，从连江县到福州市去进行声乐培训。

　　"你知道吗？"他勾了勾唇角抬起头，明亮的眼睛扑闪扑闪着，"小时候，在我的世界里只有音乐，我觉得有时间可以学唱歌就是一件很幸福的事了，每次我都是早上去，然后学到中午，下午再继续学习，中午那段时间是空闲的，我会跟爸爸妈妈一起去逛逛街，在周围的小吃店吃东西，或者去游乐场玩一下，每个周末都这样，很充实。"

019

出门靠朋友，唱歌在酒吧

从谈话中可清楚地了解到，李炜三年的闯荡生涯几乎没有遇到过什么困难，一直都很顺，一直都有朋友在帮他，离三年之约结束的最后那段时间，他在酒吧唱了差不多一年，这段时间他从未花家人一分钱，他吃的、用的、花的都是靠他自己辛苦唱歌挣来的。

在南宁这个城市，他只待了一年，在深圳待的时间最长，因为深圳离香港近，可以经常去那里shopping，喜欢买衣服买鞋子的他，差不多每个月都会去两次。

每次去香港是他最开心的事，因为在那里，他可以淘到很多很潮的衣服、裤子还有鞋子，别看他总是穿得很时尚很个性，但他不会买大牌，对穿着很有品位且很会搭配的他比较注重款式，一般经他之手搭配的服饰，他都会穿出属于他自己最独特、最另类、最前卫的"Hong格"。

一见钟情

Mr.Lee

好像一个梦，只属于我们的梦，在芸芸众生中，只为你停下脚步……

一见钟情
Mr. Lee

DID YOU KNOW THAT: WHEN SOMEONE APPEARS IN YOUR DREAMS, IT'S BECAUSE THAT PERSON WANTS TO SEE YOU.

每个人内心深处都会保留一份童真——

这是李炜在博文中曾写下的话。是的，有着"完美潮男"美誉的他和其他人一样，在成长过程中也要面对各种各样的人，各种各样的事。

小时候看问题的角度很单纯，很简单，包括来参加这次的"快男"比赛，他完全没有想过自己会走到前三，更没有想到自己会成为总冠军。

和最初的梦想一样，他只是抱着喜欢音乐——这个最纯的目的站在舞台上。

每一句话，每一句歌词，他都小心翼翼地完美呈现，只要"对得起观众，对得起支持自己的人"，带着这样简单的想法，他就觉得已经足够了。

唇边浮起的笑意略带一丝妖冶,像罂粟一样,明知道不可接近,却又偏偏不得不靠近……

李炜 | WELL LEE

一见钟情，二见倾心，不经意间绽放的笑容，让人瞬间心动，仿若天人，倾倒众生！娇艳欲滴的花儿因为他甜美的容颜而羞涩，游走的阴影都不忍心在他绝美的脸上留下斑驳的光影。他，比花儿更美，比天使更温暖……

浓密的睫毛隐隐颤动,蓦然抬眸,秀眉微蹙,迷茫无措,因为有你,世界如此美丽……

2004年年底，16岁的李炜参加了福建赛区"百事新星"大赛，第一次参加流行音乐比赛的他怎么都没想到会夺冠，而且还很幸运地占了福建省仅有的三个名额中的一个被送去香港参加音乐培训。

在这个训练营里，集结了全国各地所有的"百事新星"，可是，训练的内容很肤浅，只是教他们一些如何做艺人的表面东西，不像现在在"快男"的比赛中可以用心去感受、去学习一些实实在在的东西。

在香港的那段时间，他和其他的"百事新星"一样，每天不是不停地看MV，就是跟明星接触，要说那次培训有什么值得纪念的，那就是成为蔡依林舞群的一员，跟蔡依林一起跳舞。

回想当初，李炜笑了笑说："当时港币比人民币贵，而现在去那边，什么都好便宜。"

2006年去参加华纳唱片联盟歌会，这件事对于他来说完全是一个意外，因为那个比赛根本不是他要去的，他是在完全不知情的情况下收到福建电视台的邀请，直到去了现场他才知道是怎样一个比赛，一直很乐观的他心想，既然来了，就比吧。

而正因为有了他的加入，福建队的实力才不可低估。最后，与乔任梁的PK，李炜成了关键人物，那是一场"生死之战"，他发挥的好坏，关系到整个福建队的胜负。

当时真的很紧张，也很可怕。不过，庆幸的是，因为他的出色发挥，让福建队成功夺得了冠军！

2008年10月，李炜开始了他的音乐闯荡生涯。

虽然李炜的爸爸在李炜小的时候就培养他学音乐，可是真正面对择业问题，保守的爸爸希望儿子有一个稳定的工作，比如在一家单位或公司去上班，当职员，把音乐当做业余爱好，可是，仿佛为音乐而生的李炜却坚持自己的音乐梦想。

就这样，他与爸爸立下三年之约，用三年的时间去追寻自己的音乐之路，如果失败，再任由爸爸安排。离开家后，李炜分别去深圳和南宁驻留过，媒体公司打杂、超市开业搭台子唱歌、酒吧驻唱……这些都是经常的事。

NEVER STOP SMILING, NOT EVEN WHEN YOU'RE SAD, SOMEONE MIGHT FALL IN LOVE WITH YOUR SMILE

FALL IN LOVE WITH MR.LEE AT THE FIRST SIGHT

当提到"悟性"这个词，李炜俊美的脸上笑容越来越浓

"隔了很多年没有人这么说我了，记得声乐启蒙老师曾经说过我在声乐方面悟性很高，可是在乐器方面，我就弱了很多。虽然我知道弹钢琴、弹吉他会很帅，但我一点儿都不感兴趣，一直没怎么用心去学习，曾经因为这样被爸妈打过，但不是像网上说的什么手被抽了好几道疤，又不是拍电视剧，那未免也太夸张了吧（笑）……"

记得在演唱《草戒指》的时候李炜表演了弹钢琴。事后，教他音乐的老师很惊讶，因为在学校，李炜的钢琴成绩经常不及格，老师怎么都没想到，他居然会把钢琴拿到"快男"这么重要的舞台上表演，而且弹得还不错。

因为在《草戒指》中的出色表演，李炜渐渐喜欢上弹钢琴的感觉，他心中有一丝后悔，后悔当初自己没有把钢琴学好。如果有时间，他希望可以好好地把钢琴重新学习一次，别的乐器他也会去尝试，因为这样对他在音乐道路上的发展会有很大的帮助。

李炜之所以上了大学也对钢琴不感兴趣,完全是因为在学校弹奏的都是古典乐曲,整天对着那些练习曲和五线谱,他感觉很乏味。可是,看似低调的他,一旦站上舞台,就仿佛变了一个人,也许,这就是王者李炜,他,天生就是为舞台而生!

Fall in Love 一见钟情
with Mr. Lee at the First Sight
Perfect Fashionable Boy—Well Lee

射手座的人不坚强，但是却很善良，他们华丽的外表下有一颗脆弱的、需要别人关心和安慰的心，他们常常希望自己爱的人快乐和幸福，也因为这样，他们往往忽略了自己。哪怕伤痕累累，他们也总会笑着说自己很好。却不知，光鲜的笑容背后，射手座的人承担了太多的伤害！

YOU ARE MY LIFE. YOU ARE MY ONLY DREAM.   **Mr.Lee**

射手座的人从来都不会抱怨谁，他们只会傻傻地说："让我承担吧！不要让别人也受到伤害……"

038

LOVE
MR.LEE

WELL LEE

温柔多情却不懂浪漫的射手座,他们会把对别人的爱深藏在心底,但又会在对方需要的时候,毫无保留地送到他们的身边。所以,千万不要让快乐的射手座流泪,不要让他们最美的笑容成为掩饰痛苦的伪装……

■ 永远都不要忘记微笑，即使是在你最难过的时候，因为会有人因为你的笑容而爱上你……

2007年7月,临近毕业的时候李炜曾有一段时间非常空闲,所有的事似乎都按部就班,不需要他去操心,他需要的只是乖乖地等着拿毕业证。
　　那段时间,对未来有些迷惘的他不知道自己应该做些什么,只好悠闲地待在家里上网,这样空虚地打发时光的日子让他觉得有些恐慌,他想要一份忙碌一点儿的工作,那样就可以让他的生活更充实。
　　对于现在繁忙的艺人生活,他笑了,虽然很累,但是却让他感觉很充实,因为,这就是他想要的——为梦想而努力奋斗的理想生活!

Fall in Love
with Mr. Lee at the First Sight
Perfect Fashionable Boy—Well Lee

如太阳般灼热，如月亮般清冷，宁静的夏天，寂寞的夜，沉睡的他，很迷人，也很孩子气……

清晨,睁开蒙眬的双眼,唇边清浅的花香,一点点蔓延开来,仿佛连寂寞都染上了晨曦的颜色。
素净的脸庞就像清晨带着露水的白色蔷薇花,绝美,温婉,这样的他,仿佛不食人间烟火的天使……

温暖的暗香,诱惑的气息,柔润的眸子闪动着羞涩的光,隐藏着令人捉摸不透的神情。如孤独寂寞的花,静谧、淡然……

一见钟情
Mr Lee

  被大家戏称为"文艺小青年"的李炜一直是一个很感性的人。

  一个人独处的时候,他总会想很多,在他看来,人如果没有了想法,就不会进步,哪怕是胡思乱想,也好过脑海处于空白状态。

  忧郁,感伤,这似乎是看过他博文后最大的感受。但细腻的文字将他的内涵一点点体现出来,他不是只会穿着打扮,他是有自己思想的少年。和音乐一样,他的文字也力求真诚,他用心将它写得完美……

  从开始到现在,李炜没有因为冠军的荣誉而骄傲自满,相反,夺冠后的他更谦虚,也更让人欣赏,他觉得自己现在的成绩还远远不够,他还需努力。在他的眼中,以前的自己是一个平凡的人,现在的他依然是一个平凡人,只是被很多人关注了而已……

Fall in Love 一见钟情
with Mr. Lee at the First Sight
Perfect Fashionable Boy—Well Lee

童星出身的李炜从小到大参加过很多比赛，也经常会在不同的场合唱歌，按理来说，有这样丰富经验的他不会紧张和害怕，可是在他看来，之前的那些歌唱和表演是无法跟"快男"舞台的紧张气氛相提并论的，再加上在这次比赛之前，他有三年没有正式登过舞台，紧张当然是可以理解的。

WE TAKE ONE DAY TO LOVE SOMEONE, BUT THE WHOLE LIFE TO FORGET HIM.

Mr.Lee

顺利晋级，重拾自信，过去的"紧张小王子"，如今已是舞台上的王！

LOVE MR.LEE

WELL LEE

2007年参加"快乐男声"比赛的他18岁,刚成年;2010年夺得"快乐男声"总冠军的他,才21岁!
时隔三年,李炜用自己的努力,弥补了2007年"快男"未能走得更远的遗憾,也让曾经放弃他的人,见识到了他的成长和努力。
扎实的音乐功底,完美的舞台表现,李炜越战越勇,未来的发展,不可限量!

■ 一个人吃饭、看书、shopping、旅行、跳舞、歌唱……

绿色低碳，李炜倡导

　　参加"快男"比赛之前，一直努力坚持低碳生活的李炜很少打车，他经常一个人坐地铁，享受着拥挤人群中人来人往的乐趣，那是与人近距离的接触，从不同的人身上，他感受到了不一样的人生，不一样的世界。

　　参加"快男"比赛后，表现优异的他渐渐有了关注度，他没有因为这些而炫耀、浮夸，而是利用这小小的成就，以身作则，给歌迷树立好的榜样。

　　他很少用一次性的东西，出门也一定会记得关好灯、拔下插头。

　　赛后，回深圳的他，冒着被粉丝认出来的风险，坐了一次地铁。虽然，当他一出地铁就立刻被眼尖的粉丝认了出来，但是，他不会因此而躲避，他会继续努力，在自己力所能及的范围内，坚持低碳生活。

　　也许，在一些人眼里，这都是一些很不起眼的小事，但是，只要大家都这么做了，这必将成为爱护地球的大事！

一见钟情
Mr.Lee
LOVE MR.LEE

曾经的他，想在7月陪一个人去看傍晚的夕阳，可以是爸爸、妈妈、外婆……只是去寻找一种感觉。
"你知道吗？"他抬起头，柔和的灯光照得那容颜俊朗明媚，他顿了顿，眸光潋滟，笑意在眸间荡开，"福州离海很近，傍晚，可以去海边散步、看夕阳，当然，也可以站在窗边直接眺望，虽然每个地方的海都差不多，但是重要的是当时的意境……"
当然，他也喜欢一个人在清冷的月夜散步，晴朗的天空，繁星闪烁，晚风轻抚他的耳鬓，安静而惬意。漫步在空旷的街道上，让自己完全放松，那种意境很适合为自己的记忆添上一笔美丽的颜色。
相信，第一首原创歌由会让所有人看到才华横溢的他……

一见钟情 WELL LEE

如果金色的太阳，不再散发耀眼的光芒，你的一个微笑，将照亮我整个世界……

借着余晖，追逐夕阳，徒增一些落寞与伤感，寄存在身体里一见钟情的感动让我们一起悲悯地生活。铭记身边所有的过客，忘记曾经留下的伤痛……

Fall in Love
with Mr. Lee at the First Sight
Perfect Fashionable Boy——Well Lee

一见钟情
Mr.Lee

关于珍爱生命，李炜比很多人更有发言权。

"快男"比赛期间，李炜与李行亮在嗓子治疗结束后返回广电途中，在长沙浏阳河大桥上遭遇车祸，之后回想起来，李炜只隐约记得当时坐在后座上的他两手是悬空的，因为这个突发事件，他整个人就直接朝前面的铁护栏撞了上去……

那一瞬间，他的头脑一片空白，直到车停下来，确定自己没有大碍，他才松了一口气，但心脏仍然猛烈撞击着胸口。这次车祸是李炜从出生到现在发生的最大的一次意外事故。

爱美的他并没有因为脸肿了，影响形象而放弃彩排，更没有因为医生停赛的建议而放弃比赛，这个人生路上的小插曲让他更加感觉到生命的珍贵，他会好好活在当下，用心唱歌，更希望所有人都像他一样，遵守交通规则，珍爱生命……

Fall in Love
with Mr. Lee at the First Sight
Perfect Fashionable Boy——Well Lee

一见钟情

冬季是李炜最讨厌的季节，容易发胖的体质一到冬天就更加明显，更糟糕的是，他还特别怕冷，每年一到冬天，他就会用棉衣把自己一层又一层裹得像米其林轮胎一样。不过，今年他不用担心了，因为繁忙的巡演和应接不暇的通告会让他想变胖都没有机会。

THE MINUTE YOU THINK OF GIVING UP, THINK OF THE REASON WHY YOU HELD ON SO LONG.

Mr.Lee

在你想要放弃的那一刻，想想为什么当初坚持走到了这里……

LOVE
MR.LEE

WELL LEE

与其他他坚强，倒不如说他是一个"冷感"的人，当所有人因为离别而哭泣时，他柔和的双眸中只隐约闪过一丝伤痛，怎么都落不下一滴眼泪。
他很少流泪，舞台上是，生活中更是，他的感情深深地藏在心底，他会难过，但绝非容易落泪的人……

■ 从发型到服装，从道具到造型，每一个微妙的细节，他都不会马虎，完美的他，认真的态度很让人欣赏！

不抽烟、不打牌、不玩游戏、不喝酒，还不会游泳！

这样濒临绝种的稀有生物确实存在，而且还是偶像明星！

因为从小对音乐的热爱，为了保护嗓子，李炜从来都不抽烟，而他沾酒必醉的体质让他更不会喝酒，唯一一次醉得不省人事，还是因为毕业的离别宴，但也只一杯就倒了。在游艇上拍吧台照时，摄影师让他喝一口红酒，他一脸无奈地说："如果我喝了，那么今天的拍摄就提前结束了（笑）……"

不会玩扑克牌？千万不要多想，这跟他的Poker face完全没有一点关系。

"我真的不会打牌，也分不清牌的大小，连骰子我也不会玩，因为我逻辑推理能力不强……"说完，李炜倒在床上大笑不已，"从小我数学成绩就不好，我不感兴趣的东西我就不会去碰它，我曾经学过一段时间的扑克牌，但是后来没有怎么打，就忘记了……"

私底下李炜很活跃，却又很宅，很奇怪有男生不玩网络游戏，但李炜正是这样一个人，他最大的乐趣就是网购，据他计算，最长时间可以挂在网上选购一整天。一直自卑于自己身材的李炜坚持不肯在首本写真集里show身材，也因为这样，他一直没有去学游泳。

如果你不曾认识他，你一定不会想到这个满身潮装的男生居然这么乖。

但，李炜就是这样一个人"什么都不会"的人，甚至连最爱的足球都成了他遥远的记忆……因为，他的世界里只有音乐……

12/06—见钟情

FALL IN LOVE WITH MR.LEE AT THE FIRST SIGHT

THE KEY FOR HAPPINESS IS NOT TO FIND A PERFECT PERSON

"你的人生真的很无聊啊……"面对FAN小妖这样的感叹，李炜一脸无辜地一怔，然后微微咬着下嘴唇，浅浅一笑："对啊……"

他，就是李炜，2010年娱乐圈最优质、最稀有、最特别的实力偶像明星。也许他的世界真的很单调，但因为有音乐，所以依然很精彩！

Poker face是李炜的招牌表情，如同他的世界，有些空白，有些平淡。但又何尝有人知道，这其实只是他保护自己的面具。不带任何感情，就不会被人伤害。

记得他曾说过，因为自己在镜头前会紧张，笑起来不自然，所以渐渐习惯了不带笑容，以免不好看的照片被传到网上去。但是他不知道，这样力求完美的他的顾虑、他的负担、他的压力……会让喜欢他的歌迷们心疼。可是，他却笑着说，其实他很好，他已经习惯了这样的自己。

的确，正因为有了这层"Poker face面具"，才让他的笑容变得更可贵，更让人珍惜。一笑倾城，绝世魅力，这一切只属于他。

■ 精致的脸廓被镁光灯的光线勾勒出一层精美的冷俊，轻薄的双唇弯起一抹妖冶的笑，眸子轻动，黯然销魂……

Fall in Love
with Mr. Lee at the First Sight
Perfect Fashionable Boy—Well Lee

一见钟情
Mr. Lee

PERFECT FASHIONABLE BOY—WELL LEE

I LOVE YOU MORE THAN I CAN SAY, I JUST WANT SOMEONE WHO WILL UNDERSTAND ME.

一见钟情

他的人生就像纯净水，看似平淡无味，但音乐却成了他最美的点缀，如同水晶玻璃杯中微微飘散着淡淡幽香的苏打水，柔柔的，甜甜的，香香的……

遇见你是最美丽的错误，聆听你的心跳，在脑海中荡漾，左胸口起伏……

LOVE MR.LEE

Fall in Love
with Mr. Lee at the First Sight
Perfect Fashionable Boy—Well Lee

一见钟情

Mr. Lee

Love is when you take away the feeling, the passion, the romance, and you find out you still care for that person.

潮男不愁没衣服穿

拍摄期间,李炜带来的两大箱的装备让我们瞠目结舌。

其中大部分都是从未曝光的衣服,比赛期间他光鞋子就准备了14双左右,衣服更是多得数不胜数。爸妈第一次来看他的时候,又帮他带了不少衣服。至于他在镜头前说"没有衣服穿",其实只是随口说说的,没想到有心的歌迷还真给他寄衣服过来了。

"在这里,我要跟歌迷们说一声,请你们以后不要给我买衣服了,很多都不适合我,只有我自己知道我适合什么……希望你们不要浪费钱买这些东西给我了。"至于怎么处置那些不适合自己的东西,李炜很可爱地说,"虽然不适合我,但是我都会留着,不少歌迷送的礼物我都让爸妈带回家了。"

FALL IN LOVE WITH MR.LEE AT THE FIRST SIGHT
■ 一见钟情 **Mr.Lee**

FALL IN LOVE WITH MR. LEE AT THE FIRST SIGHT

当知道拍摄策划中会把他设定为"王子"时，李炜顿时转过身爆笑，几秒钟后才回过头，强忍着笑意说："就是我！"

Fall in Love 一见钟情

with **Mr. Lee** at the First Sight
Perfect Fashionable Boy—Well Lee

"泡沫"之夏

在比赛短短的两三个月内，可以聚集很多歌迷，但是比赛结束之后，如果没有好的作品，没有好的发展，原本守在他身边的人就会慢慢地离他而去。那些人算不上是他忠实的粉丝，粉丝跟歌迷是不一样的，粉丝可能比完赛之后就不会去关注他了，但是真正欣赏他的歌迷就会关注他的作品，只要有好的作品，他们就会一直跟着他走下去……

DREAM WHAT YOU WANT TO DREAM, GO WHERE YOU WANT TO GO, BECAUSE YOU HAVE ONLY ONE LIFE.

■ 泡沫和太阳的爱情是悲剧的，就如同飞蛾扑火，痛不欲生……

LOVE MR.LEE
WELL LEE

在PK中寻找快感

记得第一次被挑战之后,李炜说PK的话,会让他的人气增高,希望下一场别人也找他PK,这样关注度会更高,这样一句他自己觉得很轻松的话,却着实虐了不少歌迷 也让不少歌迷为之自责。

其实,一个如此低调,又不会炒作,只一心默默唱歌的李炜,他的人气真的并不低,只是他觉得自己总顺利晋级,少了很多唱歌的机会,也有很多衣服来不及show,很可惜,所以,他宁可以身犯险,接受PK,以更出色的表现让大家接受他、认可他!

■ 在李炜的眼中，12强就是一个整体，虽然以后发展可能有所不同，但是他们现在都是在同一个起跑线，互相鼓励很重要，以后大家都会在一起生活，缘分让他们在一起，所以要好好珍惜在一起的缘分。

做人要低调，不要太出头

凡接触过李炜的人，都能从一些很微妙的细节上感受到他的修养，这跟他爸爸妈妈的教育方式有很大关系。李炜小时候，爸爸妈妈总对他说"不要太出头，做人要低调"，听话的李炜一直铭记着这一点，也将低调做得淋漓尽致。

也正因为这样，在参加广州海选赛的时候，他的曝光率几乎为零，就像一个路人，没有人知道他，在300强突围赛的时候，也很少有人注意到他。他只是以最低调的方式，用最高调的音乐功底安静地歌唱。

在家中，李炜平时跟爸爸妈妈关系很好，经常会开开玩笑，像朋友一样。李炜从小到大都不是一个让人操心的小孩，爸爸妈妈知道他要的是什么，所以也不会太约束他或念叨他。

而自主能力很强的李炜，有什么心事的话，也会靠自己的力量去解决。更何况，乐天派的他，很多微不足道的事根本不会放在心上。

"基本上我没什么心事，真的，我觉得世界就是这样子，过得很美好，为什么要有什么心事？我完全不把不开心的事当回事。就算有心事，爸爸妈妈也不在我身边，况且他们和我不是同一个年代的，他们的想法有时跟我的不一样，我想要的是跟我身边年龄相仿的朋友分享。"

至于交了女朋友会不会告诉妈妈，那要等找到女朋友的时候才知道，如果有小秘密……他的瞳孔中微微闪烁着调皮的光芒："都说了是秘密了，当然不会跟爸妈分享，自己一个人放在心里就好了……"

Fall in Love
with Mr. Lee at the First Sight
Perfect Fashionable Boy---Well Lee

一见钟情

Mr.Lee
完美潮男李炜の
首本纸上图文影像美男剧

You may only be a person in this world, but for me, you're the world.

FALL IN LOVE WITH MR. LEE AT THE FIRST SIGHT

WELL LEE

「我是乐天派，跟谭杰希乐观的点都一样。」

射手座，12星座里最乐观的星座。生日相隔四天的李炜和谭杰希都是典型的乐天一族。生活中发生过的所谓困难的事，在李炜的眼中都不算什么。

他的内心和他的大脑就像纯净水的过滤器，所有不好的事，都会被他过滤掉。在他眼里，没有什么过不去的坎，让他回想一些生活中遇到过的特别苦、特别累、特别心酸的事，反而成了他最大的"困难"！

Fall in Love
with Mr. Lee at the First Sight
Perfect Fashionable Boy—Wei Lee

一见钟情

乐天的李先森，很喜欢"自虐"

他没事的时候喜欢窝在家里上网，喜欢到处搜新闻，偶尔也会搜索一下跟自己相关的评论，对待不真实的言语，他的心理承受能力很强，但是这并不代表他不会生气。

记得有一个贴子说他全身穿的都是假货，还说他是"假货帝"，这些话让他很不开心。他希望说这些话的人可以改变"选秀的人穿的都是假货"的观点。

至于那段时间炒得很火爆的《快男评快男》节目，喜欢看笑话的李炜也没有放过。

"那个节目非常好看，很有爆点，我看了之后非常开心。即使他们在乱说，我也看得很开心。OK啊，我不care，看了之后我发现，他们经常不被关注的时候，就会找话题，找曝光率，这些我懂的，虽然我不喜欢他们以贬低别人来抬高自己的做法，但是随便他们怎么说吧，我是怎样就是怎样，如果连这点压力都不能承受的话，那我就不要进这个圈子了。"

Fall in Love 一见钟情

with Mr. Lee at the First Sight
Perfect Fashionable Boy——Well Lee

"快男"比赛期间，选歌最痛苦。李炜唱过的不少脍炙人口的流行歌曲，一些是导演组定的，一些是他自己提出意见，然后导演组给他提出一些意见，最后大家再综合意见，这样，才艰难地决定了一首歌的命运。

A TRUE FRIEND IS THE ONE WHO HOLDS YOUR HANDS AND TOUCHS YOUR HEART.

Mr.Lee

"镜子无处不在，李炜无处不照"，吉祥物为镜子的李炜，镜不离身，只是为了随时保持一个好的状态。

LOVE
MR.LEE

WELL LEE

李炜对自己追求完美的苛刻要求，是从参赛开始才有的，以前的他并不会在意这么多，毕竟那时候的他不像现在这样被人关注。

他其实不是刻意包装自己，而是为了给别人一个好印象，让那些不了解他的人，可以对他有一个不错的第一印象！

■ 定歌——合乐队——排舞——练歌——彩排——开始直播比赛,这就是比赛期间,他每周固定的作息表……

一见钟情
演唱：李炜
专辑：《我的舞台》

倾听 窗外夜的声音
穿透空气乱了思绪
那种从没出现过的心境
告诉我一直等待的 就是你
爱情 慢慢地向我靠近
第一次向你鼓起勇气
你那甜甜的笑容 动听的声音
环绕在我的脑海里 永不停
你是我的一见钟情
充满了魔力 我无法抗拒
你是我的一见钟情
此刻我的心 已被你占据
这一切是如此的神奇

爱情 慢慢地向我靠近
第一次向你鼓起勇气
你那甜甜的笑容 动听的声音
环绕在我的脑海里 永不停
你是我的一见钟情
充满了魔力 我无法抗拒
你是我的一见钟情
此刻我的心 已被你占据
这一切是如此的神奇

你是我的一见钟情
充满了魔力 我无法抗拒
你是我的一见钟情
此刻我的心 已被你占据
这一切是如此的神奇
你是我的一见钟情
充满了魔力 我无法抗拒
你是我的一见钟情
此刻我的心 已被你占据
这一切是如此的神奇

Fall in Love
with Mr. Lee at the First Sight
Perfect Fashionable Boy——Well Lee

一见钟情

Mr.Lee 发型很重要

从12强开始李炜就对自己的发型不满意了,有新闻传出李炜因不满意鬓角太短,还接了头发。正疑惑着怎么有苛刻到如此地步的人,一询问,才知道真相……

"那一次完全是造型师的问题,他帮我剪完之后觉得还可以,但是对着镜头一看,他又跑过来说,不好意思,我觉得你这场还是要接个头发,我说,那你帮我剪干吗?把我头发剪完了之后你还帮我接,你这不是多此一举?"

一说到宝贝头发受"欺负"的事,李炜又气又好笑。

"头发长长的时候,比赛也结束了(笑)。我喜欢突围赛时我的头发,跟三强的时候差不多,很好看。至于以前曾经留过的比较长的头发,是因为以前有一段时间我很想改变一下自己,所以就尝试了一下。"

如果出演《流星花园》,李炜很肯定地说自己绝对不能接受道明寺的凤梨头,也不适合那个角色,除了他,另外三个都OK(笑),不但如此,他还可以演反派,也可以很搞。

Fall in Love
with Mr. Lee at the First Sight
Perfect Fashionable Boy—Well Lee

一见钟情

爱，错开的季节，也许是上帝刻意的安排。思绪蔓延，不断涌向往事的岸边，梦开始变冷，直至忘却，爱若不再，完美的画面终是残缺，如无声的影片，在落寞中上演……

TO BE LONELY IS NOT BECAUSE YOU HAVE NO FRIENDS, BUT NO ONE IS LIVING IN YOUR HEART.

Mr.Lee

■ 愿你的梦想，乘着飞翔的白鸽，展翅高飞。

LOVE
MR.LEE

WELL LEE

纯净柔美，斑驳了光阴，印下一抹纯净的哀伤。

把忧伤画在眼角，把温婉尽藏眼帘，是孩子气的可爱，是娇羞的性感，是暗夜下迷人的诱惑……

FAN小妖八卦拷问室，李先森の百问百答

Q1.《让我们荡起双桨》让很多人震撼了，现在还能用那样的美声唱歌吗？什么时候开始变声的？
李先森：现在不可以用美声唱法唱歌了，初中的时候开始变声的。

Q2. 两次周冠军似乎都是因为快歌帮你拿下的，之后有没有觉得摇滚歌曲更适合你一些？
李先森：那说明我还有很多方面需要提高。摇滚歌曲不太适合我，唱一两首还可以，唱多了，嗓子就累了，受不了。

Q3. 爸爸妈妈怎么称呼你？
李先森：李炜。

Q4. 你的兴趣爱好是？
李先森：上网、旅游、shopping、蛮想出去玩的。

Q5. 特长？
李先森：除了唱歌就是会一点足球。

Q6. 口头禅？
李先森：并没有，并不是，并不要这样，并字句（大笑）。

Q7. 喜欢跟怎样的人交朋友？
李先森：性格好的。

Q8. 擅长做的食物？
李先森：西红柿炒蛋啊，青菜啊，一些简单的。

Q9. 绝对不吃的食物？
李先森：狗肉、驴肉，一些奇奇怪怪的肉。

Q10. 常去的地方？
李先森：家里（笑）。

Q11. 最尊敬的人？
李先森：值得我尊敬的我都会尊敬。

Q12. 提到秋天，会浮现出什么情景？
李先森：秋高气爽。让人感觉很舒服的季节。

Q13. 对于一般的"维他命"，要见几面才能记住？
李先森：两三次就会记住。

Q14. 有最想学习的东西吗？
李先森：表演。

Q15. 一天中最幸福的时候是？
李先森：睡觉。

Q16. 自己五官最满意的部位？
李先森：呃……（照照镜子）……嘴巴还不错……（继续照镜子，笑）。

Q17. 爱情和友情，两者中要是选择一个的话，你会选？
李先森：友情。

Q18. 喜欢的歌手？
李先森：喜欢的歌手有很多，我对歌不对人。好听的音乐，值得学习的歌手，我都喜欢。

Q19. 喜欢的演员？
李先森：黄秋生，我很尊敬很欣赏的一位前辈，还有周星驰。

Q20. 比较感兴趣的星座？
李先森：射手、巨蟹、白羊。

Q21. 比较恐惧的星座？
李先森：没有，不了解。

Q22. 最喜欢的数字？
李先森：6，现在是我的幸运数（笑）。

LIFE ISN'T ABOUT WAITING FOR THE STORM TO PASS, IT'S ABOUT LEARNING TO DANCE IN THE RA[IN]

LOVE
MR. LEE

LOVE
MR.LEE

只有在回首的刹那，才清楚地知道，所有的等待，都因你而美丽……

Fall in Love
with Mr. Lee at the First Sight
Perfect Fashionable Boy—Well Lee

一见钟情

Mr.Lee

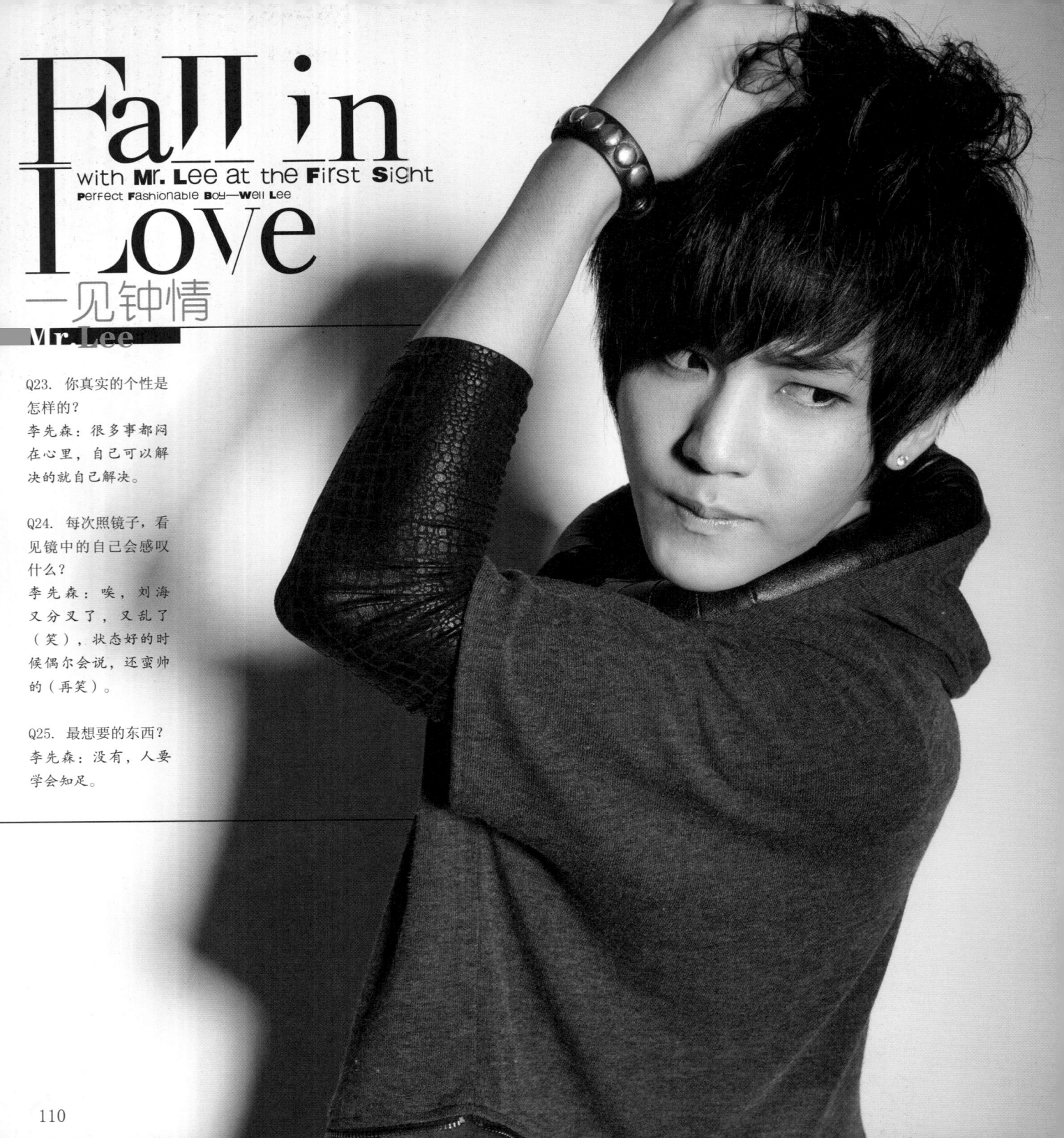

Q23. 你真实的个性是怎样的？
李先森：很多事都闷在心里，自己可以解决的就自己解决。

Q24. 每次照镜子，看见镜中的自己会感叹什么？
李先森：唉，刘海又分叉了，又乱了（笑），状态好的时候偶尔会说，还蛮帅的（再笑）。

Q25. 最想要的东西？
李先森：没有，人要学会知足。

Fall in Love 一见钟情
with Mr. Lee at the First Sight
Perfect Fashionable Boy—Wei Lee

柔和的光泽轻泛着濡湿的双睫，海水蓝一般的少年，如被上帝眷顾落入凡间的天使一般，未来的世界太过迷茫，北方南方，也有爱情的天堂……

DON'T CRY BECAUSE IT IS OVER. BE SMILING BECAUSE IT HAPPENED.

Mr. Lee

■ 隐约读懂了离别的颜色，轻描淡写却无法省略这夏日里深爱的诗篇…

LOVE
MR.LEE

WELL LEE

一如既往,一个人微笑,把时间记录在手中颤抖的虚影里,刻录下每一次瞳孔中的光,如一只折翼的蝴蝶,只眷恋花的绽放……

Q26. 被朋友放鸽子的话会怎么办？
李先森：放回去（说着，笑得直喘气），没有没有（笑），他如果有事情，真的有急事的话，我不会说他的，我很了解我的朋友，每次我约他们都会故意把时间提前（笑），没急事的话，会一直等下去，反正无聊也是无聊，闲着也是闲着。

Q27. 背包里都会放些什么东西？
李先森：带与出门相关的东西，拍摄的话，就会带皮带、首饰、镜子之类的。

Q29. 看过的最悲伤的电影？
李先森：《泰坦尼克号》。

Q30. 困的时候怎么不让自己睡着？
李先森：滴眼药水。

Q31. 最珍惜的是？
李先森：睡觉时间。

Q32. 现在最苦恼的事？
李先森：没时间睡觉（笑）。

Q33. 有宗教信仰吗？
李先森：都可以。

Q34. 酒量如何？
李先森：喝不得，一点点就倒了。

Q35. 最想去的国家和地方？
李先森：英国、日本东京、北海道、马尔代夫。

Q36. 觉得自己的才华是什么？
李先森：拿得出手的就是唱歌而已。

Q37. 觉得自己比别人好的地方是？
李先森：这个让别人来说吧，自己说不太好。

Q38. 和"8090"里关系比较好的是？
李先森：郭乐。

Q39. 对爱情的定义是?
李先森：交往的时候是爱情，结婚了是亲情，到老年就变成恩情。

Q40. 容易一见钟情还是日久生情?
李先森：我还挺相信一见钟情的，主要是日久生情需要时间，我很忙（笑）。

Q41. 有喜欢的人的话会怎么做?
李先森：我从来没追过女生，都是女生追我，其实是害羞不好意思（笑），看着就好了，不会有行动（再笑）。

Q42. 可以和分手的恋人做朋友吗?
李先森：不可以（很坚决）。

Q43. 有什么"控"吗? 就是看见就喜欢得不得了的东西。
李先森：衣服、鞋，只要价格可以接受的都OK。

Q44. 如果有人误会你你会怎么做?
李先森：看是谁，朋友的话就解释。

Q45. 现在心里最想见到的人是谁?
李先森：爸爸妈妈。

Q46. 怕痒吗?
李先森：不怕。

Q47. 你会为了别人做自己不愿意的事吗?
李先森：看是谁，看人来。

Q48. 今天心情怎么样?
李先森：累，但是还挺开心的。

Q49. 容易相信别人吗?
李先森:很容易相信别人。

Q50. 是大男人主义吗?举例。
李先森:有一点,反正有一点就是了

Q51. 觉得自己最大的缺点是?
李先森:不喜欢整理房间,作息时间不规律,而且有点……磨(哈哈哈哈)。

Q52. 考试有没有做过弊?
李先森:做过弊,但是没有被老师发现,而且是全班同学集体作弊,包括成绩好的。

眸子轻泛着柔和的光芒,独自一个人坐在窗边,迷醉的光泽印在他俊美的脸颊上,令人沉沦,瞬间迷醉。

LOVE MR.LEE

温暖的阳光下,散发着暧昧而诱惑的光泽,流光四溢,倾国倾城……

Q53. 喜欢下雨天吗？下雨天最想做的事？
李先森：帮武艺打歌哦……这个还不错（笑），会待在家里哪儿都不去，因为鞋子会湿，刘海湿了不要紧，鞋湿了才郁闷。

Q54. 最怀念的日子？
李先森：每个阶段都有怀念的日子，"快男"比赛期间的话，就是住在别墅里的那段时间，因为这辈子都不可能再住回去了。

Q55. "快男"比赛之后，挣到的第一笔工资打算怎么花？觉得自己10年之后会是怎样的？
李先森：我会把它寄回家给老爸老妈。10年之后不知道，应该结婚了（笑）。

Q56. 如果着火，你一定要拿走的东西是什么？
李先森：直接跑，什么都不要了。

一见钟情 LOVE
Mr.Lee MR.LEE

冷艳而迷离,在绚烂的橘色光芒中,衣香鬓影,灯光旖旎。身上仿佛散发着一种光泽,幽静安然,倾醉迷人……

Fall in Love

with Mr. Lee at the First Sight
Perfect Fashionable Boy—Well Lee

一见钟情

Mr. Lee

WELL LEE

Q57. "炜宝"和"李先森",更喜欢哪一个?
李先森:李先森吧。

Q58. 大家都在讨论你是不是左撇子,你是吗?
李先森:是,写字是右手,打球、投篮什么的时候是左手。

Q59. 假如2012世界末日,你只有三天时间,你会做什么?
李先森:跟家人待在一起。

Q60. 娱乐圈的压力很大,你做好准备了吗?觉得自己能适应这个圈子吗?
李先森:我觉得我的适应能力还挺强的。

他逆光安静地坐在沙发上，阳光轻轻落在他修长干净的身影上，清楚地勾勒出俊美精致的脸庞，那海水蓝迷醉的光泽，氤氲着高贵的气质，这仿若与生俱来的王者气势秒杀了无数少女的心……

LOVE
MR.LEE
THE FIRST PAPER SERIES OF MR.LEE

一见钟情
Mr.Lee

Fall in Love
with Mr. Lee at the First Sight
Perfect Fashionable Boy—Well Lee

Q61. 当你放下一切，一个人安静的时候，你会想些什么呢？当你孤单的时候你会想起谁？
李先森：汽水（一个人狂笑）……【李先森你真的很冷啊……】其次就是上网，没有特别想的人，现在以事业为重。

Q62. 熬绿豆粥都会放些什么材料在里面呢？
李先森：花生。

Q63. 第一次做饭菜是什么时候？是因为什么事？第一次做给谁吃？爸妈的反应是什么？
李先森：小学，看妈妈做，自己就慢慢琢磨着做出来的，第一次是煎蛋，还不错，但是妈妈觉得太咸了（一个人笑）。

LOVE MR.LEE

164. 第一次入住"快男"别墅的时候,感觉怎么样?武艺说你们房间闹鬼,是真的吗?来你们房间次数最多的是谁?你们一般在房间里都会做些什么事?

李先森:很豪华,很酷。我没有感觉我们房间闹鬼,我跟谭杰希太乐观了,阳气太重了,压过他们了,成员们都会经常来房间聊天,聊未来,聊音乐方面的,很少聊八卦。

Q65. 你和杰希一间房，通常谁会先起床？两人会发生抢卫生间的事吗？
李先森：我先起。很少会抢，他在卫生间的话，我就去别人的房间。

Q66. 你们争吵过，或者发生什么矛盾过吗？平时你们除了音乐，都会聊些什么？共同爱好是什么？
李先森：我们从来不争吵的，也不会有什么矛盾。男生之间会聊游戏啊，女生啊，没什么共同爱好，他比较喜欢吃，我比较喜欢衣服之类的（笑）。

Q67. 最不喜欢什么类型的异性？
李先森：不知道。（助理在一旁打趣说"谭杰希"，大家爆笑。李小炜同学自己也爆笑不已，连线谭杰希，电话那头的谭杰希开始抓狂。）

Q68. 在"快男"别墅这段时间，一些难忘的事是什么？

李先森：那是我们睡觉的地方，基本上没什么时间在里面生活，基本上都是在排练厅度过，难忘的事情就是12强的时候，大家坐在那里聊天啊，开会啊，当时每天都会开一个会，因为当时人比较多，比较难管理，管我们的姐姐每天都会给我们开会，之后就不会开会了（笑）。

Fall in Love 一见钟情
with Mr. Lee at the First Sight
Perfect Fashionable Boy—Well Lee

被鲜花簇拥，被掌声淹没，完美主义的少年历经磨练与考验，在辉煌的昨天祭奠逝去的美好，在无法预知的明天挥毫属于自己的缤纷色彩！

PRECIOUS THINGS ARE VERY FEW IN THIS WORLD. THAT IS THE REASON THERE IS JUST ONE YOU.

Mr. Lee

在这世上珍贵的东西总是稀有的，所以这世上只有一个你。

LOVE MR.LEE
WELL LEE

淡然，宠辱不惊，千变万化，只为一缕淡漠的笑。
安静、冷傲，不是你的姿态；孤单、哀伤，是不属于你的无奈。属于我们骄傲的姿态，是你为我们歌唱……

Q69. 听说"快男"中还有其他几位选手也欣赏刘惜君，当自己被告知跟刘惜君合作的时候，心情是怎样的？其他兄弟羡慕你吗？
李先森：蛮开心的，武艺、谭杰希他们也都很欣赏她。

Q70. 四年前见到徐若瑄，感觉怎样？打过招呼吗？在什么情况下遇见的？
李先森：美。在东南卫视的一个节目，去看她，但我从来不追星。

Q71. 如果以后拍偶像剧，需要拥抱，甚至kiss，要怎么去克服呢？如果女主角换成是徐若瑄，你的心情会怎样？
李先森：做演员要敬业。会害羞，脸红。

Q72. 吴俊余说，你、武艺、张建波和他是"囧人帮"，经常整人，都是怎么整的？通常谁被整的次数最多？
李先森：这个名字是吴俊余和张建波起的，我和武艺只是在旁边附和一下（笑）。张建波经常被吴俊余整，我们经常会去整工作人员，就把他们"一、二、三"丢进游泳池之类的。

Q73. 分手哭了吗？失恋的话会怎么疗伤呢？你是一个念旧的人吗？对以前的感情难以自拔吗？多久才能从那个阴影里走出来？
李先森：分手的时候哭过，失恋的话会把自己一个人关在房间听歌，我是一个很恋旧的人。

Q74. 网上传一首叫《原谅》的歌曲是你的原创吗？还创作过别的歌吗？
李先森：我没有写过这首歌，是假的，还有很多歌都不是我唱的。自己想过创作歌曲，并在写歌当中。至于是什么曲风的……暂时保密。

Q75. 有没有什么问题是媒体需要避讳，问到了的话，会翻脸的？
李先森：随便你问，想不想回答是另外一回事（狂笑）。

Q76. 左脸的印记是一出生就有的胎记，还是之后才有的？
李先森：小学二年级，长水痘，水痘破了就这样了。

Q77. 全国30强有哪些记忆深刻的回忆？
李先森：当时很自由很轻松，跟谭杰希、武艺他们去喝汤啊什么的，但是现在没有那么自由了，当时还可以随便去逛逛街，全国30强的时候并没有什么曝光率（呵呵呵地笑），我跟吴俊余逛街，永远是吴俊余被认出来。

Q78. 你知道"蔷薇"和"尾戒"吗?
李先森：知道，谢谢相互的支持。

Q79. 你介意粉丝"歪歪"你和谭杰希、陈翔吗?
李先森：随便他们怎么说，他们怎么开心怎么说，我都OK的（大笑）。

Q80. 如果在谭杰希和陈翔中让你选一个，你会选谁?
李先森：两个都是好朋友啊!

Q81. 你知道贴吧里有个"李炜秘史——李先森的那些事"的八卦楼吗?
李先森：知道。

Q82. 如果生气或者遇到不愉快的事是怎么发泄的呢?
李先森：我很少生气，如果真的生气，睡觉是最好的解决方法，要不然就多看看网站，多听听歌，不会有什么其他发泄的举动，一个人闷着就好。

Q83. 你在博客里说讨厌被势利眼的人看不起的感觉，是发生了一些什么事?
李先森：在这个社会上，你刚开始做一样东西，做不好，他们就会看不起你，觉得你真很逊很不行，我要改变他们的观点，我会通过自己的努力证明给他们看，我可以。

Q84. 做过最浪漫的事是什么？如果交女朋友会不会像杰希一样高调公开？想过什么时候结婚吗？
李先森：没做过最浪漫的事，交往了之后再说。30岁。

一见钟情
Mr.Lee

Q85. 有"起床气"吗？睡觉会打呼噜吗？睡觉有什么不好的习惯吗？
李先森：没有。

Q86. 如果粉丝或者导演组要求你穿着杰希的花短裤上台，你能接受吗？
李先森：可以。

Q87. 为什么评委给别的选手投票时，你也要给他们鞠躬？不会觉得不值得吗？
李先森：不管他们投给谁，都要说谢谢，因为这是应该有的礼貌。

Q88. 小时候都喜欢玩些什么？
李先森：小时候经常写作业……作业太多了……（囧，我问的是喜欢玩什么啊！谁要听你讲什么写作业啊！）

Q89. 业余时间喜欢干些什么？
李先森：上上网啊，看娱乐新闻、社会新闻什么的，在优酷、土豆我可以泡一整天。

Q90. 是什么让你对音乐如此执著的？
李先森：喜欢唱歌。

OVE MR. LEE AT THE FIRST SIGHT

Q91. 在拉票会上，你总是会唱《阿飞的小蝴蝶》这首歌，对你有什么特别的意义吗？
李先森：那是我第一场比赛唱的歌。

Q92. "快男"比赛期间学到的最多的是什么？除了维他命以外最大的收获是什么？
李先森：舞台上的东西。在舞台上变得自信了，珍惜舞台，认识了一帮好兄弟。

Q93. 第一次为兄弟淘汰而难过是什么时候？
李先森：突围赛的时候，广州淘汰了好几个，我还蛮难过的。

Q94. 跟崽崽翁航融的关系怎么样？怎么认识的？两人经常换衣服穿吗？品位一样吗？

李先森：还不错，我们经常在同一家店买衣服，经常买到相同的衣服，经常换衣服穿，我寄给他，他寄给我，我们俩都是福建的，崽崽相当于我的哥哥，他会一直带着我，还有他的衣服。

　　网上很多人说我借了他的衣服，但其实是我们都会在同一家店买衣服，有时我带过来的衣服都穿完了，他知道我是什么样的风格，我知道他也有，我就打电话说"你寄点儿衣服给我穿喽"（笑），我待太久了，带的衣服都穿完了，让他去帮我买点儿衣服是因为我还蛮相信他的，他可以帮我买到好看的衣服，因为我知道他去的那几家店都是我经常去的。

Q95. 去湖南省第一师范学校拍VCR是你第一次去毛主席的母校吗？第一印象如何？
李先森：第一次，不像一般大学的学校，复古的大学，跟一般大学不一样，一般大学比较现代化。

Q96. 平时会用一些洗面奶、面霜等护肤品吗？
李先森：平时会用些护肤品、洗面奶、面霜之类的。

Q97. 经常网上购物，是怎样找到那些款式很另类的服装的？一般在网上逛，可以逛多长时间？最开始网购是什么时候？怎么学会的？有没有上瘾的时候？在网上买过最贵的东西是什么，多少钱？
李先森：我可以在网上逛一整天，会有很多好看也不怎么贵的衣服，三年前开始网购的，自己琢磨会的，经常点着点着钱就没了（笑），买过最贵的是笔记本，快一万。

Q98. 你很喜欢讲冷笑话，那些笑话是怎么来的？自己原创的还是网上看来的？觉得自己有幽默细胞吗？
李先森：朋友那听来的，好像没有原创的，觉得自己挺有幽默细胞的。

Q99. 得了冠军，会奖励自己什么？最想感谢谁？除父母以外还有特别想感谢的人吗？除评委以外。
李先森：什么都不奖励，继续努力。最感谢湖南卫视，感谢"快乐男声"这个比赛，还有导演他们很辛苦，为我们做了很多事。

Q100. 回答完所有问题的感想是什么？
李先森：还挺八卦的（哈哈大笑）。

Fall in Love
with Mr. Lee at the First Sight
Perfect Fashionable Boy—Wei Lee

一见钟情
Mr. Lee　　每个人都在寻找一颗属于自己的星星，让它能照亮自己的生命，也照亮身边的所有人。

LOVE MR.LEE

我们的爱在粉色天地悄然绽放，感动了整个夏天。他的世界里只有音乐，一路前进，直至最温暖的港湾……

在冠军决赛夜，李炜没有想过自己会不会成为冠军，因为比赛是没有确定性的，他只要唱好每一首歌就足够了。

在微博上，他说看了冠军决赛夜重播后，眼睛都湿润了，现在的他已经没有那样的感觉了，他还是和以前一样，没觉得人生就应该怎么样，不容易哭的他，当时之所以眼睛湿润，完全是因为想到比赛学习到了很多，所以才会情不自禁地掉眼泪。

在"快男"比赛的生涯里，每个阶段他都很难忘，看着别人一个一个被淘汰，还蛮难过的。

海选是紧张，300强是紧张，12强每淘汰一个他心中就会特别难受，佢他没有担心过属于自己的那盏灯什么时候会提前灭掉，因为射手座的他一直保持着乐观的心态。如果提前离开"快男"的舞台，他还是原来的他，还是原来的李先森。

该干吗就干吗去。一直都这么想的，现在也是。

离开的那天，他亲手将所有的灯熄灭了，因为他知道，属于他的辉煌记忆的夏天已经属于过去式，新的生活，新的挑战还在等待着他。

一曲终了，一片静谧，殷红的葡萄酒汁借着暖色的灯光变幻出妖艳迷幻的光晕，折射在他幽冷的双瞳中。

当落叶零落之时，驻足抬首，纷繁迷乱中，像是很多年前的那一场浮华痴梦，依稀能听到那熟稔的低唤，蓦然回首时，才知道，原来，一见钟情的等候，已经等了很久很久……

不读书，不加油！
为自己读书，为Well Lee加油！
因为，我们都是他荣光的见证人，
因为，我们都在见证他的荣光！

IKE THE SUMMER SUNSHINE

THE MINUTE YOU THINK OF GIVING UP, THINK OF THE REASON WHY YOU HELD ON SO LONG.

最美的夏季，收获最美的你。走曾经走过的路，看世间最美丽的风景，有梦就有希望，未来的路，我们一起成长，一起努力前行……无论身在何处，心，永远可以跨越时空，为你守护。肩并肩，微笑着，我们要一起同手同脚走下去……

THANK YOU, LET ME IN THE MOST BEAUTIFUL MOMENT TO MEET YOU.

一见钟情
Mr.Lee
——完美潮男李炜首本纸上图文影像美男剧·编者后记

李炜是一个让人十分省心的大男孩。他不仅有帅气的外表，还能唱歌，唱好歌，会跳舞，有文采，更是一个有想法、有内涵、有教养的人。

从服装、发型到造型，一切都是先由造型师给出建议，李炜说出自己的想法，然后再跟造型师一起商讨之后，选出大家最满意的进行拍摄。虚心接受别人的意见，且又有自己想法的李炜，深得工作人员的喜欢。

拍摄那天的早上8点，在助理的陪同下，李炜带着出镜率颇高的黄色行李箱和白色潮牌行李箱出现在了摄影公司，酷酷的表情，是他一贯的招牌。

为了抓紧时间，一进化妆间，他立刻被化妆师叫去试衣服，看着为他准备的跟平时风格差异很大的服装，他原本装酷的表情变得格外有趣而且戏剧化。

"这不是我的'Hong格'啊，我穿这些不好看……"

"我自己带了衣服，两大箱，有很多很好看的，要不要看看我自己的……"

这些是他在那一天出现频率最多的话，早听闻他对自己的要求苛刻，看着他的"挑剔"，工作人员非但没有生气，反而以逗他为乐，看着苦着一张帅脸的李炜，大家都特别特别开心，这样的他真的一点儿都不像小扑克。

开始怎么都不肯穿那些衣服的李炜后来因为体谅工作人员的辛苦，懂事的他乖乖地拿着衣服去了更衣室。几分钟后，他有些不好意思地从衣帘后探出头，犹豫了好久才走出来，在我们的惊叹下，走到镜子前他一看镜中的自己，俊美的脸上立刻一扫阴霾，阳光灿烂。

"天哪！很有型啊！我穿这个也很帅啊！以前都没尝试过！"

一句毫不做作又超级"自恋"的话，立刻引起所有工作人员爆笑，他真的很单纯，很直爽，很可爱。

从坚持不肯穿衬衫和夹克运动装、不肯换睡裤、不肯弄乱发型、在地上耍赖、在床上扭扭捏捏放不开，到最后一一接受，这个玩不腻的"游戏"成了大家"折磨"他的乐趣。也因为我们的"坚持"和李炜的乖巧听话，才让这本写真集变得丰富多彩。相信，不一样的他，一定会给你们带来不同的感觉和一见钟情的心动。

记得我第一次采访他时说他外形感觉有些摇滚，他极力撇清说自己不走摇滚风，说那不适合他的，可后来，两次周冠军都因为摇滚曲风让大家震撼了。由此可见，人的一生有很多不可以，但，如果试着去改变自己，就会发现这个世界原来还有那么多美好的事。

最辛苦的拍摄应属在游艇上，当其他人都在船舱内吹着空调看电视时，李炜顶着正午最毒辣的太阳，忍受着船板上踮着脚尖站上去1秒钟都烫得不行的灼热感，坚持拍摄。

尽管眼睛被烈日刺得一睁开就会疼痛，但他始终没有抱怨一句，而是很认真很认真地配合摄影师的要求，微笑、微笑、再微笑。看着顺着鬓角流下的汗珠，看着唇角依旧上扬的弧度，工作人员都被他敬业的精神所感动。

虽然外界都传李炜有多难"搞"，但其实并不是这样的，他很容易满足，一点点小小的事情就会让他很开心。对食物他也不挑剔，只要不是很辣，一份简单的工作餐他都会吃得干干净净，毫不浪费，似乎那不是一份盒饭，而是美味的佳肴。

他对工作真的很认真，采访稿从最初的6页到后来的10页，采访了好几次才结束，他一直很配合，之后还是看新闻才知道，前几次采访的时候，他的喉咙还处在充血状态，但是他忍着接受采访，没有把实情说出来。他也会在车子行驶到下一个拍摄景点的时候好好补休，一下车，立刻又象打了鸡血一样神采奕奕，充满战斗力！

夜阑人静，窗外的风撩起轻薄的窗帘，月华凝练，夏夜之中，却带着半分凉爽。

从那天到第二天凌晨1点多，17个多小时不间断地拍摄。从头到尾，李炜没有说过一个"累"字。他开朗的性格、快乐的精神感染了所有的工作人员。

17个小时的辛苦煎熬，没有休息，接受多次采访，亲自设计并挑选赠品，通宵熬夜挑选照片，亲笔自序……最后换来这一本厚厚的写真集，希望大家可以用心爱护、珍藏。因为有这样一个男生，值得你们欣赏和喜欢！

累并快乐着，如他所说。这最美好的17个小时将是我们最珍贵、最难忘的记忆。将来的道路还很漫长，无论几年后再见，希望你的内心深处依然保留着最初的那份低调、谦虚、善良和单纯……Fighting！

FAN小妖

2010年11月11日12点06分

版权声明：
《一见钟情Mr.Lee·完美潮男李炜首本纸上图文影像美男剧》，附赠品以及周边产品中所包括的文字，图片的版权均属魅丽优品文化发展有限公司所有。
在未经授权的情况下，任何组织或个人盗用、复制、截取本产品内容均属违法侵权行为。